RATON

LAPIN

Marmaille
& compagnie

Créé et dirigé par Romain Naudin

LES PAPAS POULES

CLOTILDE GOUBELY

POG

Marmaille & compagnie

Aujourd'hui, une petite file indienne traverse la forêt.
Ce sont les futurs papas qui font leur rentrée.

Ils traînent un peu la patte. Certains n'ont pas,
mais alors pas du tout, envie d'aller à l'école.

Mais ils n'ont pas le choix :
les mamans les ont inscrits afin qu'ils soient prêts le jour J.

ECOLE

Le maître est une vieille tortue à l'air très sévère.

«Messieurs, à l'école des papas vous allez devoir vous surpasser.
À la fin de la journée, vous devrez connaître par cœur une centaine de comptines et savoir changer une couche les yeux fermés.»

Le soir, les futurs papas ont bien travaillé.

Devenir un papa poule

« C'est très bien Messieurs,
mais il vous reste une dernière épreuve.
Je vais confier à chacun de vous un de mes œufs.
Vous devrez en prendre soin, lui parler, le cajoler,
le couver et surtout, me le ramener entier demain matin.
Si vous réussissez, vous aurez votre examen ! »

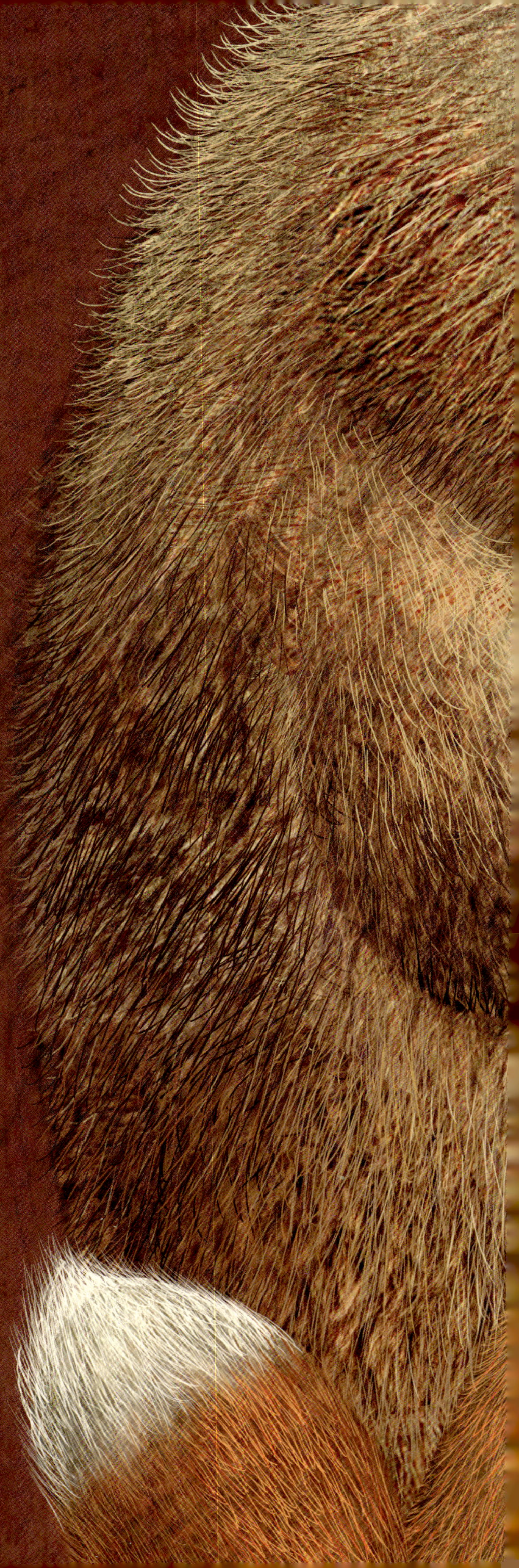

Les futurs papas rentrent chez eux.

Chacun tient son œuf avec beaucoup de précaution comme le plus fabuleux des trésors.

Devant l'entrée de son terrier, Raton hésite.
Cet œuf est si propre qu'il ne voudrait pas le salir avec de la terre.

Alors, à la lumière d'un joli soleil couchant,
il lui chante des comptines pour le bercer.

Ours raconte à son œuf des histoires drôles.
Mais l'œuf ne rigole pas.
Peut-être qu'il a trop froid pour rire ?
Alors Ours lui fait un gros câlin pour le réchauffer.

Lapin adore la peinture et voudrait transmettre cette passion à son œuf.
Il le décore avec de jolis motifs colorés.

Qu'il est joli ainsi, à croquer !

Enfin, Renard se dit que le meilleur endroit pour un œuf est un poulailler.

Tant pis si cela lui vaut quelques coups de becs.

Le lendemain, les papas sont très fatigués.
Ils n'ont pas dormi de la nuit afin de veiller sur leur œuf.

«Félicitations, Messieurs, je suis sûr que vous ferez de très bons papas. Je pourrais même vous confier mes œufs».

«Ah ça, ce n'étaient que des cailloux !»

«Regardez, mes œufs sont là. D'ailleurs j'en ai senti un bouger.»

«Papa !»

Marmaille et compagnie
Centre routier
11, rue Norman-Borlaug
79260 La Crèche
05 49 05 37 22
www.marmaille-compagnie.com

Par ce logo, nous témoignons d'une volonté de réduire les impacts environnementaux liés aux activités de l'imprimerie.
Nous choisissons un imprimeur impliqué dans la réduction des gaz à effet de serre.
Le choix de nos papiers assure que la production a été faite à partir d'un produit à base de bois
et a suivi le cahier des charges d'une gestion durable des forêts européennes.
Achevé d'imprimer chez Denona en Union européenne en décembre 2020

Suivi éditorial : Céline Garcia
Mise en pages : Yvoa Mautret

Loi n° 49-956 du 16 juillet 1949 sur les publications destinées à la jeunesse.

Dépôt légal 1er semestre 2021

ISBN : 978-2-36773-118-6 / MUP 118

LA MARMAILLE EST FIÈRE DE VOUS PRÉSENTER :

Notre Super
AUTEUR

POG

Né en 1977, Pog vit et travaille en Bretagne. Ses inspirations se situent du côté des enfants eux-mêmes, des petites choses de la vie, du cinéma... Il est à ce jour auteur de nombreux albums pour la jeunesse ainsi que de BD pour les "grands".

http://pogillus.wixsite.com/accueil

La Géniale
ILLUSTRATRICE

CLOTILDE GOUBELY

Clotilde Goubely est née en France et vit actuellement à Bruxelles.
Diplômée en arts plastiques, professeur de graphisme et illustratrice jeunesse, elle a publié dans la presse jeunesse, la publicité et sorti plusieurs albums.

www.clotilde-goubely.be

Par les mêmes auteurs :

RENARD